Pintar Kawaii
es de Guaii

Título original: Pintar Kawaii es de Guaii

©Kaito Chen, 2016
Diseño de portada:Nina Minina
Encuadernación:Kaito Chen
Este libro fue publicado en Amazon el

ISBN — 13 978-1541039995
ISBN — 10 1541039998

"EL QUE NACE PARA
DISEÑADOR,
DEL CIELO LE CAE
COLOR"

Mis diseños

Mis diseños

Mis diseños

Mis diseños

Mis diseños

Mis diseños

Mis diseños

Mis diseños

Mis diseños

Mis diseños

Mis diseños

Mis diseños

Mis diseños

Mis diseños

Mis diseños

Mis diseños

Mis diseños

Mis diseños

Mis diseños

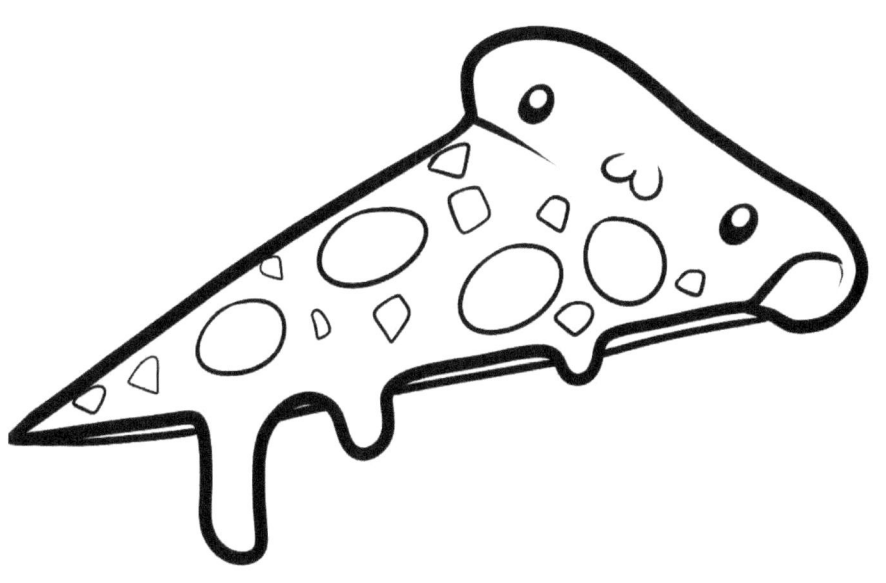

Mis diseños

Mis diseños

Mis diseños

Mis diseños

¡BIEN HECHO!

www.ingramcontent.com/pod-product-compliance
Lightning Source LLC
Chambersburg PA
CBHW060230290526
45789CB00003B/1487